Existe una planta con flores largas, enjutas y de color amarillo intenso llamada onagra. Se trata de una especie muy conocida, ya que de ella se extrae un aceite usado para tratar diversas enfermedades. Muchas plantas se utilizan con fines terapéuticos y es probable que en el futuro descubramos más usos medicinales en otras especies. Todo ello resulta muy interesante, pero no sorprendente. Lo que verdaderamente sorprende de la onagra es que puede oír…

Por supuesto, no tiene oídos. Pero sus flores acampanadas han evolucionado para captar y amplificar un sonido muy específico en el centro de la flor: el zumbido de las abejas. Hay que recordar que el sonido son básicamente vibraciones que se propagan por el aire, de modo que es posible que la flor perciba una sensación en lugar de oír como lo hacemos nosotros. Pero ¿para qué ha desarrollado sensibilidad al zumbido de las abejas? Pues bien, cuando «oye» a la abeja, produce más néctar para que ésta se entretenga bebiendo el líquido azucarado y se impregne de polen, que luego será transferido a la flor de otra onagra y… ¡Bingo! La planta habrá sido polinizada. Eso sí que es sorprendente y podría estar sucediendo en tu jardín.

Cometemos un gran error al pensar que sólo los animales son interesantes, inteligentes, ingeniosos y relevantes. Las plantas son sumamente fascinantes, extraordinarias y, como se explica magistralmente en este libro, indispensables. Por ello debemos aprender a admirarlas y a apreciarlas, y también a protegerlas. Muchas especies se encuentran en peligro de extinción debido a la tala de bosques, la sequía de los pantanos y la destrucción de las praderas… todo ello en detrimento de la salud de nuestro planeta. El cuidado de las plantas será fundamental para nuestro futuro. Así pues, sigue leyendo y déjate sorprender por nuestro maravilloso Planeta Verde.

CHRIS PACKHAM

PLANETA VERDE

Combel Editorial es un sello de Editorial Casals, SA
Título original: *The Green Planet*
Primera edición en Gran Bretaña en 2022 por Puffin Books
Puffin Books forma parte del grupo Penguin Random House
One Embassy Gardens, 8 Viaduct Gardens, London SW11 7BW, UK

Texto de Leisa Stewart-Sharpe
© 2022, Children's Character Books Ltd por el texto
© 2022, Kim Smith por las ilustraciones
© 2022, Chris Packham por la introducción
BBC y BBC Earth (nombres y logos) son marcas registradas de British Broadcasting Corporation
y han sido usadas bajo licencia.
BBC logo © 1996, BBC Earth logo © 2014

© 2023, Carla López Fatur por la traducción

© 2023, de esta edición, Editorial Casals, SA
Casp, 79 – 08013 Barcelona
combeleditorial.com
Primera edición: febrero de 2023
ISBN: 978-84-9101-923-7
Depósito legal: B-14053-2022
Impreso en China

MIXTO
Papel | Apoyando la
silvicultura responsable
FSC® C018179
www.fsc.org

BBC

PLANETA VERDE

LEISA STEWART-SHARPE y **KIM SMITH**
Traducción de **CARLA LÓPEZ FATUR**

COMBEL

PLANETA VERDE

Hace unos 500 millones de años, mucho antes de los dinosaurios, las plantas primitivas se abrieron paso por la árida roca del planeta Tierra. Diminutos musgos y hepáticas cubrieron la superficie terrestre, formando así el primer suelo y liberando oxígeno a la atmósfera. Nuestro planeta se convirtió en un Planeta Verde.

Hoy en día, en la Tierra aún predominan las plantas, que aventajan a otras formas de vida: desde las diminutas lentejas de agua que flotan en los pantanos hasta las secuoyas gigantes. Aunque muchas veces pasan inadvertidas, las plantas son devoradoras de luz, productoras de oxígeno y creadoras de lluvia, y dependemos de ellas para cada bocanada de aire y cada bocado de comida.

Dado que nuestras vidas están fuertemente entrelazadas, es necesario comprender de qué modo el Planeta Verde crece y se desarrolla. En el mundo vegetal el tiempo transcurre más lentamente: una hoja, por ejemplo, puede tardar varias semanas en desplegarse. Sin embargo, mediante un proceso de filmación paciente y meticuloso, aceleramos el tiempo y convertimos los meses en minutos para descubrir el mundo oculto de las plantas.

Advertencia: A menudo el mundo vegetal, lejos de ser pacífico, es un campo de batalla.

Puede que las plantas no tengan cerebro, pero son «inteligentes» y tan complejas como los animales, llegando incluso a engañarlos para que trabajen por ellas. Además, cuidan de otras plantas y tienen la capacidad de oler, saborear, tocar, oír ¡e incluso «HABLAR»!

Así pues, exploremos juntos nuestro Planeta Verde: un mundo vegetal secreto cuyas maravillas superan la imaginación.

PLANTAS
VIVIFICANTES

DEVORADORAS DE LUZ

Todos los días, en todas partes, las plantas obran
su magia mediante la **FOTOSÍNTESIS**, el proceso
por el que transforman la luz solar en alimento.

ROBLE

La **LUZ** del **SOL**
es absorbida por los
paneles solares de
la planta: las hojas.

El **DIÓXIDO** de
CARBONO se extrae
del aire y se absorbe
por los **ESTOMAS**.

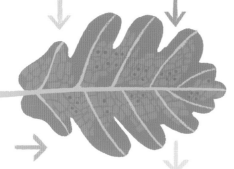

La planta bombea
AGUA desde
las raíces hasta las
hojas.

Se libera
OXÍGENO.

Las hojas convierten esas sustancias en azúcar:
el alimento que contribuye al crecimiento de
la planta. Una parte del azúcar se consume
al instante y el resto se almacena en las hojas,
en las raíces o en los frutos.

Por medio de la **FOTOSÍNTESIS**
las plantas liberan **OXÍGENO**.

TRONCO

asciende

El agua se absorbe por las raíces

RAÍCES

PRODUCTORAS DE OXÍGENO

Durante la fotosíntesis, el oxígeno es expulsado por los estomas de las hojas. Por increíble que parezca, se necesitan unos ocho árboles para producir la cantidad de oxígeno que necesita una persona en un año.

HOJAS

hasta las hojas.

y por las ramas…

RAMAS

CREADORAS DE LLUVIA

Un árbol adulto puede absorber hasta 50.000 litros de agua al año, es decir, unas 27 veces más que la transportada por un camión de bomberos. Pero no toda se almacena, una parte se utiliza para transportar los nutrientes y refrigerar las hojas. Cuando la planta se enfría, el agua se evapora por los estomas de las hojas en un proceso llamado **TRANSPIRACIÓN**.

El agua evaporada forma nubes en el cielo. Cuando las nubes entran en contacto con una masa de aire frío, el agua se condensa. A medida que las gotitas de condensación aumentan de tamaño, éstas vuelven a la tierra en forma de lluvia, granizo, aguanieve o nieve, completando así el ciclo del agua.

Las plantas de la selva amazónica desprenden una cantidad de agua tan grande que forman en el cielo un río invisible más caudaloso que cualquier río terrestre.

En todas partes, las plantas absorben luz, expulsan oxígeno y liberan agua.

Pero eso no es todo…

PLANTAS
VIVIFICANTES

UNA NUEVA VIDA

Como todos los seres vivos, las plantas se REPRODUCEN (crean una nueva vida). Casi todas lo hacen mediante FLORACIÓN, para producir semillas, o bien mediante la liberación de esporas. Otras se reproducen haciendo copias de sí mismas, es decir, por CLONACIÓN.

FLORACIÓN

El ciclo vital de una **PLANTA CON FLOR** empieza con el desarrollo de la semilla, esto es, con la **GERMINACIÓN**.

Las plántulas crecen hasta convertirse en plantas adultas. Entonces florecen y producen **ÓVULOS** y diminutos granos de **POLEN**, ambos esenciales para la reproducción. Para que la polinización tenga lugar y se cree una semilla, el polen debe trasladarse del **ESTAMBRE** donde es producido hasta el **ESTIGMA** (unido a los óvulos).

El polen es transportado de una flor a otra por el viento y el agua o, como en el caso de muchas especies, por los polinizadores, como los pájaros, los insectos, los murciélagos u otros pequeños mamíferos. Las plantas deben llamar la atención de los polinizadores y atraerlos valiéndose de vivos colores, elaboradas figuras, dulce néctar y embriagadoras fragancias.

Cuando los polinizadores exploran la flor, el polen se adhiere a su cuerpo y luego se derrama sobre otras plantas que visitan. Así, las semillas se producen por **POLINIZACIÓN CRUZADA**.

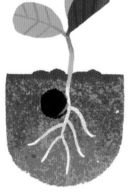

SEMILLA GERMINADA

ESTIGMA

POLEN

ESTAMBRE

ÓVULOS

PÉTALO

TALLO

A continuación, las semillas deben encontrar un lugar para el desarrollo de las nuevas plantas. Algunas son **expulsadas** de las vainas y otras **arrastradas** por el viento y el agua o transportadas por los animales. Algunas se enredan en el pelaje de los animales y otras, las del interior de las frutas, cumplen su objetivo de forma menos glamurosa: son excretadas en las heces de los animales.

ESPORAS

Algunas plantas, como los **HELECHOS** y los **MUSGOS**, no producen flores, sino que liberan unas diminutas partículas llamadas **ESPORAS**. Al igual que las semillas, las esporas viajan con el viento, los insectos o los pájaros. Siempre que aterricen en el lugar adecuado, de preferencia en una zona cálida, húmeda y sombreada, brotará una nueva planta.

CLONACIÓN

Además de reproducirse por semilla, algunas plantas se reproducen por **CLONACIÓN**. Es decir, crean copias exactas de sí mismas sin la ayuda de otras plantas.

Los **NARCISOS**, los **JACINTOS** y las **CAMPANILLAS DE INVIERNO** se clonan mediante **BULBOS** subterráneos, donde almacenan la energía hasta la primavera siguiente, cuando estarán listos para florecer.

Un **TUBÉRCULO** es una raíz o un tallo subterráneo engrosado que produce nuevos brotes: así crecen, por ejemplo, las plantas de **PATATA**.

Muchas **GRAMÍNEAS** y **PLANTAS CARNÍVORAS** poseen un tallo subterráneo, llamado **RIZOMA**, con raíces y brotes foliáceos que conforman una nueva planta.

Algunas **GRAMÍNEAS**, así como las **FRESAS** y las **PLANTAS ARAÑA**, desarrollan unos tallos rastreros llamados **ESTOLONES**.

Las plantas libran una incesante batalla por la luz, el agua y los nutrientes necesarios para sobrevivir. Conozcamos sus historias mientras nos adentramos en la vegetación y exploramos nuestro Planeta Verde…

MUNDOS TROPICALES
LA BATALLA POR LA LUZ

La bulliciosa selva tropical está regida silenciosamente por las plantas. Algunos árboles gigantes se alzan sobre el dosel y conviven tranquilos entre las nubes. Pero más abajo, a ras del suelo, el oscuro sotobosque es un *campo de batalla*.

Incluso al mediodía, cuando el sol alcanza su punto más alto, sólo unos rayos de luz penetran por el dosel arbóreo. En algunas zonas, menos del cinco por ciento de la luz solar llega al sotobosque.

Sin luz, el crecimiento es lento, de modo que las plantas han aprendido a luchar por su cuota de sol. Las trepadoras y las enredaderas envuelven los árboles a medida que escalan más y más alto hasta el mundo aéreo creado por las **EPIFITAS**.

Los árboles erguidos, como de puntillas, alcanzan la altura del Big Ben. Los más altos, sin embargo, se enfrentarán a un nuevo peligro en la cima.

En algunas selvas tropicales, los rayos destruyen el 40 por ciento de estos imponentes gigantes, abriendo claros en el dosel.

MATAPALO

BROMELIACEAS

OCELOTE

TUCÁN PECHO AMARILLO

La luz

se filtra

entre los árboles...

Justo lo que estaban esperando
las plantas del sotobosque.

PLÁNTULA DE BALSA

Enseguida comienza la carrera: hasta las plantas
más lentas se **despliegan y trepan** hacia
el sol. Los árboles jóvenes que detuvieron su
crecimiento durante un decenio se disparan hacia
el cielo y las semillas brotan en torno a ellos.

La competencia es feroz
en la batalla por la luz.

JAGUAR

MONSTERA

MARIPOSA MORFO AZUL

HISTORIAS

DE LOS MUNDOS TROPICALES

UNA PARADA PARA UN TENTENPIÉ

Surge un claro en la selva. Entre los majestuosos árboles gigantes de Costa Rica, un viejo ejemplar se ha derrumbado, brindando una oportunidad a esta BALSA. Alta y débil, libra una carrera contra el reloj.

La plántula crece a velocidades vertiginosas: en diez años, puede medir 27 metros. Indudablemente no es el árbol más grande ni el más robusto de la selva.

Pero todo ello forma parte del plan.

Para la balsa, la elección del momento adecuado es vital. En la época de sequía, cuando las demás plantas disminuyen su actividad, abre sus flores por la noche. Las ramas, combadas por el peso de las vistosas flores rellenas de un rico y viscoso néctar, enseguida se convierten en la parada más concurrida de la selva.

Llegan los sedientos habituales: el tímido KINKAJÚ y la ZARIGÜEYA LANUDA. Han venido a darse un banquete de néctar.

Los animales beben de las enormes flores de la balsa. Van de un árbol a otro, con el polen adherido a sus caras peludas, polinizándolos a su paso.

El ciclo vital de la balsa transcurre a un ritmo febril, ya que crece y muere muy rápido,

y durante una temporada es la parada favorita de los animales.

PISCINA DE BABA

Las astutas PLANTAS JARRA saben muy bien cómo preparar la cena.

Estas trampas mortales en forma de jarra atraen con su irresistible aroma a los insectos desprevenidos, que se resbalan y caen a la piscina de baba mortal.

La trampa está tendida; ahora es sólo una cuestión de tiempo.

1

La HORMIGA camina por el borde.

2

La hormiga se resbala.

3

La hormiga está perdida.

Pero en las empapadas laderas del pico más alto de Borneo, los insectos no abundan. Además, en las alturas, el suelo contiene escaso NITRÓGENO, un elemento necesario para el crecimiento de las plantas.

Esta monstruosa PLANTA JARRA DEL MONTE KINABALU ha encontrado una solución poco convencional al problema. Obtendrá el nitrógeno de otra fuente.

Aquí llega la cena.

La golosa TUPAYA DE MONTAÑA se acerca cautelosamente a la tapa abierta de la trampa y se posa en el borde para lamer el almíbar.

¿Se caerá a la piscina de baba?

La cola de la tupaya cuelga por encima del borde…

¡PLAF!

La tupaya defeca.

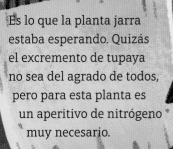

Es lo que la planta jarra estaba esperando. Quizás el excremento de tupaya no sea del agrado de todos, pero para esta planta es un aperitivo de nitrógeno muy necesario.

HABITANTES
DE LOS MUNDOS TROPICALES

BALSA

¡LLAMA AL ENFERMERO!

Cuando se abre un claro en el dosel, la **BALSA**, el árbol de más rápido crecimiento, ayuda a cerrar la herida, de ahí que se conozca como «árbol enfermero».

Las grandes hojas de la balsa crecen rápidamente y se elevan más y **más**, hasta dejar en la sombra a las plántulas de menor altura.

FRONDOSA ASTUCIA

Muchas plantas libran una guerra química contra los ataques de los insectos. A la primera mordedura, algunas envían una señal química para advertir al resto de la planta (y a sus vecinas) de la presencia de intrusos.

HOJA DE ORTIGA JAMAICANA

Las **HORMIGAS CORTADORAS DE HOJAS**, sin embargo, emplean una ingeniosa táctica para burlar esa defensa y pasar inadvertidas. Con una precisión militar, su mandíbula vibra mil veces por segundo, como una sierra mecánica, lo que les permite hacer cortes limpios en las hojas sin ser detectadas por las plantas. Las hojas son difíciles de digerir, pero las hormigas han encontrado una solución: utilizan hongos para descomponerlas.

Las hormigas pueden destruir hasta el 20 por ciento de la hoja antes que la planta se dé cuenta de que está siendo atacada.

HORMIGA CORTADORA DE HOJAS

EL VAMPIRO

La **RAFFLESIA** es un vampiro que habita el sotobosque de Borneo. Como no tiene hojas para hacer la fotosíntesis, se introduce en las trepadoras para chuparles el agua y la comida. Al cabo de unos meses, los capullos en forma de col de la Rafflesia brotan de las trepadoras y se despliegan, revelando una de las flores más grandes del mundo. Debido al hedor que éstas desprenden para atraer a las moscas (sus polinizadores favoritos), también reciben el nombre de «flores cadáver».

RAFFLESIA

UNA SITUACIÓN PEGAJOSA

Los claros en el dosel arbóreo favorecen el desarrollo de plantas invasoras de rápido crecimiento, como el **DESMODIUM DE HOJA PLATEADA**. Su tallo está recubierto de unos finos pelos en forma de gancho que empapan la vegetación en torno a la planta. Los pelos funcionan además como velcros en los que pájaros, mamíferos e insectos quedan adheridos. En Madagascar, se descubrieron hasta 40 ranas atrapadas en una zona de apenas un metro cuadrado (el tamaño de una toalla de baño).

RANA VERDE DE OJOS BRILLANTES

DESMODIUM DE HOJAS PLATEADAS

LA LUCHA POR LAS SEMILLAS

En los trópicos, tan pronto como una semilla toca el suelo, los insectos, los mamíferos y los hongos se apoderan de ella. Por suerte, en Borneo, las **DIPTEROCARPÁCEAS**, los árboles más altos de los trópicos, tienen un plan. Cada pocos años, dedican toda su energía a producir grandes cantidades de semillas que caerán volando todas juntas, como mini helicópteros.

Son demasiadas y el **JABALÍ BARBUDO** no podrá robarlas todas: algunas semillas se librarán de su hocico resoplón y pasarán a formar parte de la siguiente generación de gigantes.

SEMILLA DE
DIPTEROCARPÁCEA

JABALÍ BARBUDO

CERRAR EL DOSEL ARBÓREO

Con el tiempo, los gigantes perecen y dejan un hueco en el dosel que es aprovechado por los buscadores de luz del sotobosque. Hoy, sin embargo, muchos mueren prematuramente debido a la deforestación practicada para la obtención de madera y la expansión agrícola.

Alrededor del 70 por ciento de la vegetación de la selva tropical se encuentra a menos de 100 metros de carreteras o claros. El hábitat se ha fragmentado, lo que supone un problema no sólo para los animales que necesitan moverse libremente, sino también para las plantas. Las semillas deben germinar lejos del árbol madre para evitar la competencia por la luz, el espacio, el agua y los nutrientes. De otro modo, la salud del bosque se resiente.

Pero aún hay esperanza.

En todo el mundo, se están plantando corredores ecológicos para volver a conectar la selva ancestral.

Con perseverancia, a paso lento pero seguro, podemos recuperar la selva. Debemos repetir ese esfuerzo, en la medida de lo posible, para garantizar la existencia de las nuevas generaciones de plantas.

MUNDOS DESÉRTICOS

SÓLO HAY QUE AÑADIR AGUA

En la selva tropical, la batalla es por la luz, pero en el desierto, las plantas luchan por el agua. La supervivencia es un asunto peliagudo. En la incesante búsqueda por saciar su sed, algunas de las plantas más resistentes del mundo emplean ingeniosas tácticas para encontrar hasta la última gota.

SAGUARO

CARPINTERO DEL GILA

MALVA DEL DESIERTO

Algunas plantas no tienen follaje o poseen hojas pequeñas y gruesas que pierden menos agua. Muchas almacenan el agua en tallos con forma de barril. Otras prefieren robársela a las plantas vecinas. Y las que tienen agua, harán lo imposible por protegerla, a menudo de manera despiadada, como el cactus y sus espinas en forma de aguja.

MOCHUELO DE MADRIGUERA

Aunque algunas plantas roban y almacenan el agua, muchas otras se conforman esperando, en estado latente, la llegada de la lluvia. *Y la espera puede ser muy larga.*

Cuando caen las primeras gotas de lluvia en el desierto americano de Sonora, las semillas enterradas desde hace tiempo por fin pueden brotar. El desierto se llena de vida con especies como la **AMAPOLA DORADA MEXICANA**, que se extiende por varios kilómetros.

Es un espectáculo hermoso, pero breve.

AMAPOLA DORADA MEXICANA

ASIENTO DE SUEGRA

Cuando vuelve la sequía, las flores se marchitan y las fuertes **TORMENTAS DE POLVO** arrastran grandes cantidades de arena del suelo.

Las semillas son esparcidas por distintos rincones del desierto, donde esperarán de nuevo la llegada de la lluvia.

TARÁNTULA DEL DESIERTO

HISTORIAS
DE LOS MUNDOS DESÉRTICOS

EQUIPO DE SEGURIDAD PREPARADO. CAMBIO.

En el desierto de la Gran Cuenca, en Estados Unidos, la **PLANTA DE TABACO SILVESTRE** protege a ultranza sus hojas ricas en agua. Lo hace produciendo un veneno mortal, la nicotina, una sustancia tóxica para la mayoría de los animales. Admitirá, sin embargo, la visita de la **POLILLA HALCÓN**, que contribuirá a la polinización.

La polilla halcón visita la planta de tabaco por la noche, atraída por las sustancias químicas invisibles que desprenden las flores.

Pero enseguida abusa de la hospitalidad de la planta y deposita furtivamente sus huevos; de ellos nacen **ORUGAS** devoradoras de hojas.

Las orugas resisten la nicotina y están hambrientas…

Por suerte, la planta tiene el aperitivo perfecto: sus pelos están recubiertos de una **deliciosa** golosina azucarada (conocida como «piruleta letal»).

Las orugas recorren la planta y la mordisquean en busca del aperitivo pero…

SNIF, SNIF… su cuerpo se impregna de un **aroma** delicioso para los depredadores cercanos.

SNIF, SNIF.
¡Ahí están!

Son las **CHINCHES DE OJOS GRANDES.**

Las chinches acuden al rescate y acaban con las orugas y los huevos de la polilla halcón.

Pero ¡un momento! Algunas orugas han sobrevivido. Y crecen más y más.

Pronto sus mandíbulas adquieren la fuerza necesaria para masticar las hojas. Con el primer mordisco, la planta de tabaco envía una señal de alerta de hoja en hoja.

Las sustancias químicas de las hojas confieren al excremento de las orugas un olor particular que atrae al equipo de refuerzo…

¡Las LAGARTIJAS!

QUE EL CACTUS NO TE ENGAÑE

La **CHOLLA**, a primera vista una planta vellosa adorable, es en realidad un cactus con feroces espinas. Sus brazos producen unos brotes espinosos que se clavan y se enganchan en los animales como un doloroso recordatorio de que deben mantenerse lejos de su jugosa pulpa.

¡Un momento! ¿Qué es eso?

Acaba de pasar un ser aún más adorable que la cholla: la **RATA MONTERA**, una bolita de pelos con unos ojos encantadores. Esa monada es, de hecho, un maestro de la arquitectura.

Aunque la mayoría de los animales la evitan, la rata montera utiliza los brotes de la cholla para construir una muralla de espinas alrededor del nido. Puede que se lleve algún que otro pinchazo, pero nunca acaba como una brocheta.

En el interior de su espinosa fortaleza, la rata montera esconde los tesoros robados, desde objetos de plata hasta dientes postizos, y alimenta a sus crías.

La cholla también se beneficia de la rata montera. Los brotes que éstas no comen ruedan lejos del nido y echan raíces en nuevos territorios.

COMPAÑEROS DE CACTUS

El **SAGUARO**, un cactus gigantesco del desierto americano de Sonora, posee un tronco plisado con forma de barril que se expande como un acordeón para almacenar hasta seis toneladas de agua (la cantidad necesaria para llenar dieciocho veces una bañera). Lo justo para unos meses. Sin embargo, el agua empieza a evaporarse cuando el **CARPINTERO DEL GILA** golpea con su largo y puntiagudo pico el tronco del saguaro.

Para reparar la fuga, el saguaro produce una sabia espesa que, al endurecerse, sirve de hogar al carpintero.

Se corre la voz de que la vida en el saguaro es una F I E S T A. Así que cuando el carpintero del Gila se muda, entra el **MOCHUELO ENANO**. Con los años, la casita del saguaro será el hogar de diversas especies, contribuyendo así al ecosistema del desierto de Sonora, uno de los más diversos del mundo.

HABITANTES

DE LOS MUNDOS DESÉRTICOS

TÚNELES EN LOS ÁRBOLES

En Zimbabue, los imponentes **BAOBABS** viven más de mil años y resisten las sequías almacenando miles de litros de agua en su tronco. En algunas regiones, sin embargo, están bajo presión: hay demasiados elefantes hambrientos en espacios muy reducidos. Los elefantes abren agujeros en los troncos de los baobabs y excavan túneles para alimentarse de la esponjosa fibra del interior. Los árboles más viejos y debilitados no sobrevivirán al ataque.

BAOBAB

ELEFANTES AFRICANOS

BASTA CON AÑADIR EXCREMENTO

La diminuta isla San Pedro Mártir, en el golfo de California, ha sido apodada «la isla de los alcatraces» por ser el hogar de varios millares de **ALCATRACES PATIAZULES** y **ALCATRACES PARDOS**.

Y donde abundan las aves marinas, también abunda el excremento, que vuelve inhabitable el suelo para casi todas las plantas... excepto para el **CARDÓN**, una de las poblaciones de cactus más densas del mundo que crece entre montañas de excremento extrayendo gotitas de agua de la niebla.

CARDÓN

CACTUS MUÉRDAGO

LADRONES DEL DESIERTO

Para alimentarse, el astuto **CACTUS MUÉRDAGO** roba el agua a sus vecinos. El **SINSONTE CHILENO** come el fruto de un muérdago y defeca la semilla posado sobre la espina de un cactus erizo. El muérdago crece y desarrolla el **HAUSTORIO**, una larga raíz que penetrará en el cactus. Una vez dentro, crecerá más y más, alimentado por el agua del cactus. Finalmente, emergerá con unas hermosas flores rojas.

SINSONTE CHILENO

CACTUS ERIZO

LENTA SUPERVIVENCIA

ALCATRAZ PATIAZUL

En el desierto de Mojave, en Estados Unidos, la **GOBERNADORA** ha aprendido a dar sorbitos en lugar de succionar. Por ello crece muy lentamente, sólo 32 milímetros en medio siglo, apenas tres veces más que el largo de la pestaña de un adulto. Con unos 11.700 años de antigüedad, estos arbustos de aspecto común y corriente son unos de los más antiguos del planeta y han sobrevivido a los mamuts y a los tigres dientes de sable.

CACTUS MUÉRDAGO

SOBREVIVIR EN LOS ARENALES

Las plantas desérticas son grandes supervivientes que han hallado formas extraordinarias de adaptarse a los entornos más duros de nuestro planeta.

El saguaro del desierto de Sonora puede alcanzar la altura de siete personas adultas y el peso de siete toros. Con la cantidad justa de calor, frío y aridez, vive hasta doscientos años. De ese delicado equilibrio se benefician también otras plantas y animales. El saguaro es una especie clave, ya que contribuye a la supervivencia de animales a los que proporciona alimento y cobijo. Sin embargo, en su juventud, depende de otras especies para sobrevivir.

Su vida comienza con una semilla. Ésta es engullida y luego excretada por los pájaros bajo los árboles madre, como el mezquite o el palo verde, que protegen a los jóvenes cactus del sol abrasador durante el día y del frío intenso por la noche.

Pero hoy los mundos desérticos están cambiando. Las temperaturas del planeta aumentan y muchos árboles madre mueren como consecuencia de las actividades humanas.

Entre 10.000 saguaros totalmente desarrollados, los científicos han hallado sólo 70 cactus jóvenes. Su futuro se encuentra en un punto de inflexión. Sólo cabe esperar que sus semillas gocen de condiciones climáticas más favorables (ni demasiado frío ni demasiado calor ni demasiada humedad) para que el desierto de Sonora vuelva a ser un manto de cactus.

MUNDOS ACUÁTICOS
DE LAS PROFUNDIDADES ABISALES

Algunos científicos creen que la vida en la Tierra puede haberse originado hace unos cuatro mil millones de años en torno a un respiradero hidrotermal en las profundidades marinas. En nuestros mundos acuáticos, la vida floreció y se propagó lentamente. Las algas verdes desempeñaron un papel fundamental en el modo en que las plantas conquistaron la Tierra carente de vegetación.

Los estudios apuntan a que hace aproximadamente 500 millones de años, las algas salieron del océano para explorar el mundo exterior. Con el tiempo, se adaptaron para sobrevivir en lugares bastante húmedos y luego, *muy lentamente*, esas nuevas formas de vida evolucionaron para poder vivir en terrenos mucho más secos. Desarrollaron raíces para la obtención del agua y los nutrientes, troncos y ramas para buscar el sol, fuente de la vida, y flores para reproducirse. En un salto evolutivo para la especie animal, crearon una tierra rica en alimentos y oxígeno.

Sin embargo, aún no habían acabado.

En un espectacular giro de 180 grados, muchas plantas prescindieron de las adaptaciones terrestres y desarrollaron otras para la vida acuática. Y la vida bajo el agua no es fácil. El agua puede carecer de nutrientes y ser un hogar demasiado turbulento: las plantas deben resistir o arriesgarse a ser arrastradas por la corriente.

MACARENIA

VELLOUSSEA

En el caudaloso río Caño Cristales, en Colombia, las algas **MACARENIA** se sujetan con sus raíces (llamadas «rizoides») al lecho fluvial. En la temporada de lluvia, con la subida del nivel del agua, crecen en el fondo del río. Pero cuando el nivel del agua baja, gracias a la luz solar y el aire, producen unas flores de color rojo vivo. Sus coloridas hojas proyectan un arco iris en el agua al **balancearse** sobre la arena amarilla y las rocas oscuras del fondo del río.

En muchos rincones del planeta, las plantas acuáticas se pasan la vida sumergidas. Pero cuando las aguas retroceden, asoman a la superficie y florecen. Entonces deben atraer a un polinizador y producir semillas antes que las aguas vuelvan a subir.

Bienvenidos a los cambiantes mundos acuáticos.

HISTORIAS
DE LOS MUNDOS ACUÁTICOS

EL ATAQUE DE LAS UTRICULARIAS

En la cima de la montaña del Diablo, en Venezuela, la lluvia golpea las rocas, arrasando con el suelo y los nutrientes. Allí, acecha un ser siniestro: la **UTRICULARIA** asesina, el mayor grupo de plantas carnívoras del mundo. Esta delgada y verde máquina devoradora ha entablado amistad con las incautas **BROMELIÁCEAS**.

Las hojas de las bromeliáceas acumulan agua para mantener hidratada la planta en unas estructuras tipo tanque habitadas por diversos invertebrados, entre ellos **ESCARABAJOS**, **ARAÑAS**, **RENACUAJOS** y **ESCORPIONES**.

Pero esos abrevaderos no son del todo seguros. *Una utricularia está de caza.* Sus largos estolones tentaculados se sumergen en los tanques de la bromeliácea y crecerán donde nadan los animales.

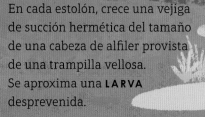

En cada estolón, crece una vejiga de succión hermética del tamaño de una cabeza de alfiler provista de una trampilla vellosa. Se aproxima una **LARVA** desprevenida.

¡Cuidado! Es una trampa.

Se acerca **cada vez más.**

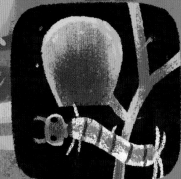

La larva roza la trampilla erizada y

¡ZAS!

Es succionada.

Ningún depredador del reino vegetal ataca más rápido.

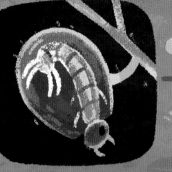

La larva mira a través de la celda transparente mientras la utricularia empieza a digerirla.

La trampa se restablece.

Y vuelve a estar lista para el siguiente manjar.

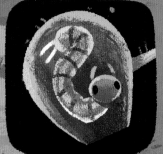

LA MAÑOSA ATRAPAMOSCAS

Los suelos pantanosos con escasos nutrientes de la reserva Green Swamp, en Carolina del Norte, pueden ser poco acogedores para las plantas con flor. *Sin embargo, algo se mueve en el pantano.*

Unos extraños objetos emergen del suelo: un mundo de mucilaginosas trampas tentaculadas (de los **ROSOLÍES**) y trampas huecas (de las **PLANTAS JARRA**). La reina de esas hambrientas plantas carnívoras es sin duda la **VENUS ATRAPAMOSCAS**.

Sus hojas articuladas parecen bocas dentudas y no se cierran ante la presencia de cualquiera. Sólo se interesa por los bocados más grandes y apetitosos.

Algo ha tocado uno de los pelos sensitivos que controlan la trampa. Puede que no sea nada. *Conviene esperar.*

Han tocado otro pelo.
Dos avisos, ¡la boca se cierra!

Pero aún queda una vía de escape. (La Venus atrapamoscas no desperdicia su energía en pequeñajos.)

Cada vez que la presa toca un pelo, más cerca está de su final. Tras cinco toques, la trampa, ya completamente cerrada, se llena de un ácido para comenzar la digestión.

5, 4, 3, 2, 1.

¡ATRAPADA!
Para siempre.

Se podría pensar que en el Pantanal de Brasil, el humedal más grande del mundo, hay espacio de sobra para todos. Pero las aguas turbias no favorecen la fotosíntesis y las plantas luchan por llegar a la superficie. En la batalla por la luz, los **NENÚFARES GIGANTES** recurren a la fuerza bruta para dominar las aguas.

Desde el fondo del pantano, el nenúfar lanza un brote espinoso que gira como un arma destinada a barrer a la competencia. Las hojas se despliegan a más de dos metros y hunden todo lo que se interpone en su camino.

El nenúfar gigante cubre la superficie, con su tallo anclado en el fondo del pantano. Sus inmensas hojas cerosas (más de 20 por planta) acaparan el sol y tapan la luz a las plantas que crecen debajo.

Tras ganar la batalla, el matón del estanque despliega una exuberante floración. Los capullos **suben** a la superficie y se abren al caer el sol, revelando unas flores blancas femeninas. Pero no son unas flores cualquiera, sino *las más populares del pantano*.

Con diez grados más de temperatura y una fragancia deliciosa, el interior de las flores resulta irresistible para los **ESCARABAJOS**, cubiertos ya de polen de otras flores. Acuden multitud de ellos, formados en hileras de 40. La noche se anima y la flor se cierra: la fiesta continúa a puerta cerrada.

Los escarabajos seguirán de fiesta, alimentándose hasta el día siguiente. Mientras tanto, se avecinan cambios. Los escarabajos aún no lo saben, pero la flor que nació femenina se ha convertido en una flor masculina de color rosa.

La flor se abrirá más tarde, cuando cese la producción de su deliciosa fragancia. Entonces los escarabajos se marcharán, cubiertos de polen. La flor se cerrará por última vez, con sus óvulos fecundados listos para la siguiente temporada, y se sumergirá.

HABITANTES
DE LOS MUNDOS ACUÁTICOS

RODAR Y RODAR

En la gélida ribera del lago Akan, en Japón, se encuentran esparcidos varios cúmulos de ALGAS. A medida que el hielo se derrite, éstas son arrastradas hacia el agua cristalina, donde comienza su viaje…

Aquí crecen lentamente, mecidas por el viento y las olas. El movimiento constante hace que adquieran la forma de una esfera perfecta, conocida como **BOLA DE ALGA MARIMO.**

CISNE CANTOR

Las bolas de Marimo crecen menos de un centímetro al año y tardan hasta cien años en alcanzar el tamaño de un balón de fútbol.

Algunas nunca llegan más allá de los hambrientos CISNES CANTORES, pero las que lo consiguen ruedan hacia las profundidades para alejarse de los herbívoros.

Se amontonan en el lecho fluvial en misteriosas colonias formadas por miles de bolas.

BOLAS DE MARIMO

¿ALGUIEN QUIERE ENSALADA?

En los estanques y lagos de Sudamérica, las flotillas de **LECHUGAS DE AGUA** se mecen en la superficie con las raíces sumergidas para absorber los nutrientes. A la vista y al tacto parecen lechugas rizadas, pero al olfato, son muy desagradables. Con todo, el **HOATZIN** (el «ave hedionda») las come en ensalada. Luego reposa en una rama y se dedica a fermentar las hojas.

LECHUGA
DE AGUA

HOATZIN

Es un asunto ventoso. ¡PRRR!
Y produce un olor apestoso.

SEMILLAS NECESARIAS

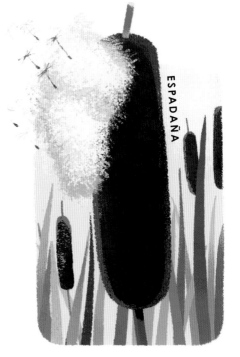

ESPADAÑA

Las plantas, a diferencia de los animales, no pueden elegir el lugar donde criarán a sus retoños, de modo que han desarrollado inteligentes tácticas para esparcir sus semillas por todas partes.

HIGUERA

PIRAPUTANGA

Algunas plantas aumentan sus probabilidades reproductivas produciendo montones de semillas, como la **ESPADAÑA** (una especie de hierba acuática), que puede contener hasta 220.000 semillas.

También hay semillas que nadan. En las charcas de Bonito, en Brasil, los peces son amigos ¡de las **HIGUERAS**! Los peces migratorios **PIRAPUTANGA** son hábiles repartidores de semillas, pues saltan fuera del agua para alimentarse de los higos. En los días que tardan en digerirlos, habrán nadado río arriba y excretado las semillas en un nuevo hogar acuático.

INVASIÓN DE LENTEJAS DE AGUA

RANA COMÚN

La planta con las flores más pequeñas del mundo, la **WOLFFIA**, pertenece a la familia de las lentejas de agua y rara vez florece. Se reproduce por clonación. Si no se la controla, en cuatro meses podría multiplicarse hasta cubrir toda la superficie del planeta.

LENTEJAS
DE
AGUA

JARDINES
SECRETOS
EN EL MAR

En nuestros mundos marinos, un grupo de plantas con flores volvió al mar hace
100 millones de años con la intención de vivir y florecer bajo las olas: las fanerógamas
marinas. Sobreviven a la sal, al ajetreo del mar e incluso a los mordiscos de los
hambrientos dugones y las tortugas verdes; no obstante, sufren las consecuencias
del mundo de los humanos.

En el año 2000, casi la mitad de las praderas de fanerógamas marinas del planeta había
desaparecido debido a las enfermedades, la contaminación del agua y la destrucción de
los hábitats costeros. Esas praderas son el hábitat de muchos animales marinos y un arma
esencial contra el cambio climático, ya que eliminan el dióxido de carbono de la atmósfera
hasta 35 veces más rápido que las selvas tropicales, a la vez que protegen nuestras costas.

La buena noticia es que los esfuerzos para la protección de esos ecosistemas están
ayudando a revertir la situación. Por primera vez en ochenta años, las praderas marinas
de Europa, América y China empiezan a recuperarse.

Nuestros jardines marinos secretos aún pueden volver a florecer.

MUNDOS
ESTACIONALES

Las plantas que habitan entre los polos y los trópicos se rigen por las cuatro estaciones. Algunas son perennes y conservan las hojas durante todo el año. Otras, como estos caducifolios, pierden las hojas en otoño y concentran todos sus recursos en las raíces para sobrevivir al gélido invierno.

ARCE AZUCARERO

CHUPASAVIA DE VIENTRE AMARILLO

CICUTA

OSO NEGRO

Permanecen desnudos y a la espera. Cuando por fin asoma el sol de la primavera, suena el pistoletazo de salida. ¡Despierta, despierta! El bosque empieza a descongelarse. Comienza la carrera por alimentarse, crecer y reproducirse antes de que vuelva el invierno.

En Norteamérica, los ARCES se animan al subir la savia. Almacenada en las raíces durante el invierno, la solución azucarada fluye hacia las ramitas para que broten las hojas. Mientras tanto, alguien se despierta de su letargo… un somnoliento OSO NEGRO hambriento tras la hibernación. Aprovechará al máximo la nueva estación.

COLIBRÍ DE
GARGANTA ROJA

Y no es el único: los **CHUPASAVIA**
golpean frenéticamente los troncos
con el pico para beber la savia.
Con algo de suerte, los **COLIBRÍES**
también podrán probarla.

Para las plantas estacionales, el tiempo
apremia. En cada estación tienen tareas que
cumplir y desarrollan *estrategias secretas* en
la carrera por reproducirse. Algunas esperan
atentas la llegada de los polinizadores para
aumentar la concentración de néctar. Otras,
como los cardos, utilizan sus largos tallos para
llamar la atención de los polinizadores.

CASTOR

Explora los hábitats estacionales de nuestro
planeta y descubre que las plantas colaboran,
engañan y conversan mientras sacan el
mayor partido de cada estación.

HISTORIAS
DE LOS MUNDOS ESTACIONALES

LA MAESTRA DE LA MANIPULACIÓN...

Se acerca una **AVISPA**. Todas las primaveras, el macho debe cumplir una misión. Dado que la hembra no tiene alas y está a punto de salir del panal, su objetivo consiste en trasportarla para que se alimente, preferiblemente, a su lugar favorito: el **ÁRBOL DE LA HIERBA DE KWONGAN**.

Pero la **ORQUÍDEA MARTILLO AUSTRALIANA** tiene otros planes para la avispa macho. Se propone conquistarlo, y no con su belleza, ya que sólo posee una flor poco vistosa, sino con el **engaño**. Para ello, utiliza una protuberancia del extremo de su tallo que imita a la perfección a la avispa hembra y que, además, desprende un potente aroma idéntico al de ella.

El macho alza el vuelo en busca de la hembra.
HUSMEA.
La **LOCALIZA.**
Se **LANZA** en picado...

... hacia el pétalo de la orquídea con forma de martillo. Sabemos que no es una avispa hembra, sino una flor. Pero el macho no tiene ni idea. Se pega fuerte al pétalo, creyendo que ha encontrado una pareja y, al intentar despegar...

¡ZAS!

Choca contra el estambre. Los sacos polínicos de la orquídea se adhieren a su espalda y al final se libera, un poco aturdido.

¿Quizá tenga mejor suerte con la próxima, ejem, flor?

Aterriza y...
¡ZAS!
Sale disparado y vuelve a chocar.

El macho pasará de una orquídea a otra, polinizándolas a su paso sin saberlo. La hembra espera pacientemente, posada en una ramita, a que llegue su taxi.

El macho acabará encontrando a la hembra y transportándola para que se alimente.
Pero de momento ha sido engañado por una flor.

Es primavera y, en la ribera cubierta de zarzas y hiedras, el tallo de la CUSCUTA asoma del suelo. Se podría pensar que a esta planta le aguarda un futuro nefasto, ya que carece de hojas con las que fabricar alimento. *Sin embargo, la cuscuta es muy hábil y huele las oportunidades.*

Se prepara para la acción. Así como la serpiente utiliza la lengua para explorar el aire en busca de peligro, la cuscuta utiliza una raíz buscadora para olfatear a su presa a medida que se **desliza** por el suelo. Ha detectado una **ORTIGA** y se **dirige** hacia el tallo.

Se **amarra** y se **enrolla** alrededor de él

una y **otra vez.**

Cuando está bien sujeta, la cuscuta clava los brotes en la ortiga y **absorbe** sus nutrientes.

A medida que los brotes mueren, envía muchos más para sorber la energía vital a las plantas vecinas. ¡Qué red más enmarañada teje!

¡Hay que ver cómo se enrolla!

LA GRAN RED FORESTAL

¡Chsss! ¡Atención! En el mundo estacional,
tanto en la superficie como bajo tierra…
las plantas y los hongos *conversan*.

Los hongos, como el **MATAMOSCAS**,
cuentan con una red subterránea de finos
y largos filamentos llamada **MICELIO** que se
extiende por varios kilómetros. Esos
filamentos se conectan con las raíces de los
árboles, a los que proporcionan nutrientes
a la vez que extraen
azúcares para sí.

Actualmente empezamos a comprender que
la relación entre las plantas y los hongos
es mucho más compleja de lo que creíamos.
Está basada en el deseo de ayuda mutua.

Así como internet funciona mediante el envío de información
a través de cables subterráneos, la naturaleza ha creado su
propia red subterránea de comunicaciones: La gran red
forestal. Al estudiarla, los científicos han descubierto que las
plantas más longevas, los «árboles madre», utilizan las raíces
profundas para extraer nutrientes y enviarlos a las plántulas
con raíces superficiales para que éstas puedan sobrevivir.

Los árboles madre además captan las señales de socorro
de las plantas en problemas y comparten con ellas los
nutrientes. Y los árboles que están muriendo pueden
enviar sus reservas de nutrientes a las plantas vecinas.

Unidas por el micelio de los hongos, las plantas no sólo
comparten alimento. Aunque parezca increíble, «hablan»
e intercambian información que posibilita su supervivencia.
Cuando una planta es atacada por los devoradores de hojas,
envía

por la red micelial alertar a las plantas vecinas.

auxilio de

ensaje

Acto seguido, éstas liberan unas sustancias químicas para repeler a los insectos hambrientos.

La gran red forestal es un lugar para socializar, pero también tiene su lado oscuro. En Norteamérica, la delicada aunque peligrosa **ORQUÍDEA FANTASMA** burla el sistema y roba el carbono a los árboles, mientras que el **NOGAL NEGRO** ataca con sus toxinas a las plantas vecinas.

Todo ello forma parte de la compleja red vital que conversa bajo nuestros pies.

HABITANTES
DE LOS MUNDOS ESTACIONALES

FLORES DE ESCARCHA

Estas etéreas **FLORES DE ESCARCHA** están esculpidas en hielo. Aparecen por la noche, cuando los tallos liberan agua que, al congelarse en el aire frío de finales de otoño, forma unos delicados pétalos de hielo. Estas flores desaparecen al salir el sol.

AL SON DEL SOL

Las jóvenes **MARGARITAS** son ávidas buscadoras del sol en primavera. A cámara lenta, se balancean de un lado a otro siguiendo el sol de este a oeste. Aunque parezca extenuante, ese movimiento, llamado **HELIOTROPISMO**, les permite absorber la mayor cantidad de luz para crecer.

MARGARITAS

Hay una regla: el baile se suspende después del anochecer, cuando las flores se cierran para resguardarse de la intemperie.

Al alba, las margaritas se abren y se orientan al este en busca del sol.

LAS MIL Y UNA HOJAS

Hay hojas de todas las formas y los tamaños.

SAUCE ENANO

El árbol más pequeño del mundo, el **SAUCE ENANO**, sobrevive al gélido clima del Ártico gracias a su escasa altura y posee unas diminutas hojas de 3 mm, el equivalente a medio grano de arroz. En cambio, las amplias hojas del gran **SICOMORO AMERICANO** miden hasta 20 cm de ancho y son más grandes que la mano de un niño de ocho años. Arriba, en el dosel arbóreo, hay abundante sol y las hojas suelen ser más pequeñas (como las del **ROBLE**) en comparación con las de abajo, que crecen en la sombra (como las del **CEREZO SILVESTRE**). Las hojas de las plantas estacionales deben crecer más para absorber la luz solar necesaria para la fotosíntesis. Pero sin excederse, para no perder calor y resistir las heladas nocturnas.

SICOMORO AMERICANO

CEREZO SILVESTRE

LUJOSA LOBERA

La guarida del **ZORRO ÁRTICO** parece un oasis de verano en medio de la tundra, con sus profundas madrigueras alfombradas de exuberante hierba y flores silvestres. Los zorros árticos son jardineros accidentales, ya que los nutrientes procedentes de su excremento, su orina y los restos de huesos de sus presas hacen crecer la vegetación. Sus coloridas guaridas atraen a los animales de la tundra.

ZORRO ÁRTICO

EXCREMENTO ENGAÑOSO

Se podría pensar que el olor a excremento no resulta favorecedor, pero la **CERATOCARYUM AFRICANA** demuestra lo contrario.

Normalmente, cuando un **ANTÍLOPE ELAND** hace sus necesidades, los pequeños **ESCARABAJOS PELOTEROS** luchan por los excrementos, que luego entierran en su nido para depositar sus huevos.

En verano, la ceratocaryum africana produce unas semillas redondas que parecen (y huelen a) excremento de antílope.

El escarabajo las confunde y se las lleva rodando hasta su nido y, sin quererlo, planta la semilla.

CERATOCARYUM AFRICANA

EXCREMENTO DE ANTÍLOPE ELAND

SEMILLA DE CERATOCARYUM AFRICANA

ESCARABAJO PELOTERO

LOS GIGANTES

El mayor árbol con vida del planeta, la secuoya gigante, supera la altura alcanzada por los dinosaurios. Estos imponentes árboles de hoja perenne de veinticinco pisos de altura consumen hasta cuatro mil litros de agua al día. Viven más de **tres mil años** y son unos de los árboles estacionales más longevos del mundo. Cuesta imaginar algo capaz de derribarlos. Hoy, sin embargo, pasan muchísima sed.

Las secuoyas gigantes solían extenderse por todo el hemisferio norte, pero actualmente se agrupan en unas 70 pequeñas arboledas de las montañas de Sierra Nevada, en California. En primavera, el agua de deshielo baja por la montaña y mantiene a las secuoyas durante el verano hasta la llegada de las lluvias otoñales. Pero, debido al cambio climático, los veranos son más largos y calurosos. El exceso de luz acelera muchísimo el crecimiento de las secuoyas. Cuanto más crecen, más transpiran y pronto… el agua se agota.

Hasta hace poco creíamos que las secuoyas gigantes podían sobrevivir a todo: desde las sequías y los incendios hasta las enfermedades. Hoy, en su desesperación por conservar hasta la última gota de agua, no sólo se desprenden de las agujas, sino también de ramas enteras.

No obstante, si seguimos esforzándonos por frenar el cambio climático y estabilizar las estaciones, estos hermosos gigantes perdurarán.

LOS SERES HUMANOS

HEMOS LABRADO EL PARAÍSO

Las plantas envuelven nuestro Planeta Verde y hacen de la Tierra nuestro hogar. Pero no siempre les prestamos atención. ¿Cuál fue el último animal que viste? ¿Recuerdas su color y su nombre? ¿Y la última planta? ¿Puedes recordarla?

A menudo no nos fijamos en las plantas ni las apreciamos lo suficiente, un comportamiento al que los científicos llaman «*ceguera vegetal*».

En el transcurso de miles de años, nuestra relación con las plantas ha cambiado. Durante mucho tiempo, las plantas y los seres humanos evolucionamos a la par y un gran número de especies vegetales prosperaron en los nuevos entornos que creamos. Con el tiempo, empezamos a cultivar las plantas que más nos gustaban. Determinamos cómo debían comportarse y las modificamos para que fueran resistentes a las enfermedades o más fecundas, e incluso para que dieran flores más vistosas.

En nuestro afán por facilitar la producción de alimentos, hemos reducido la biodiversidad (la variedad de especies del planeta). En muchas regiones ello ha dado lugar al monocultivo (producción de un solo cultivo) y a la selección de ciertas especies vegetales para contar con un suministro incesante de alimento y madera.

Sin embargo, pagamos un precio muy caro por nuestra determinación: al reducir la biodiversidad, debilitamos todo el ecosistema.

Hoy en día, las plantas desaparecen rápidamente: en 250 años, se han extinguido unas 600 especies. Ello acarrea graves consecuencias para toda la naturaleza, incluidos los seres humanos.

Dependemos de las plantas y ahora ellas también dependen de nosotros.

Afortunadamente, hay personas comprometidas y decididas a velar por la salud de nuestro Planeta Verde. Todos podemos cooperar.

HISTORIAS
DEL MUNDO HUMANO

PUENTES VIVIENTES

Meghalaya, una de las zonas más húmedas del mundo, se sitúa en lo
alto de una colina escarpada sobre las llanuras de Bengala, en la India.
Allí, las lluvias del monzón arrasan con todo y crean torrentes de
lodo a su paso: no es lugar para los seres humanos.
Sin embargo, entre la niebla de la cascada, sobre ríos
enfurecidos y por barrancos infranqueables,
las extraordinarias HIGUERAS echan un
cabo al pueblo khasi.

Las higueras lanzan una maraña de raíces
aéreas para anclarse en la resbaladiza roca.
En el transcurso de su vida, los khasi tejen
pacientemente las raíces y construyen con ellas
puentes vivientes. Respetando el ritmo de los
árboles, los khasi han creado un reino en el dosel.

Los puentes se extienden por más de 50 metros
y duran varios siglos.

Son un testimonio de lo que es posible
lograr cuando trabajamos con
la naturaleza, y no contra ella.

La vida no es fácil en el neblinoso altiplano etíope. Debido a la tenue atmósfera, de día hace un calor abrasador y de noche, un frío espeluznante. Sólo los más fuertes sobreviven. ¿Y quién es el habitante más resistente de la meseta? La humilde **FESTUCA**.

Su espinoso tallo impregnado de sílice la protege de las temperaturas extremas y los insectos. Los seres humanos la utilizan como relleno de colchón, para la fabricación de cuerdas y para la construcción de techos. Con el aumento de la población mundial, la festuca está desapareciendo a un ritmo acelerado, ya que se corta para disponer de más espacio para la agricultura y la ganadería, lo que seca y apelmaza el suelo.

Pero en un rincón remoto de la meseta hay un oasis de festuca.

Por allí se pasean el **BABUINO GELADA «DE CORAZÓN SANGRANTE»** y el **LOBO ETÍOPE** de pelaje anaranjado.

Se trata de la Zona de Conservación Comunitaria de Menz-Guasa, un tesoro de biodiversidad protegido por la comunidad local.

La festuca es muy preciada por los cazadores furtivos, que recorren la pradera con sus guadañas. Con todo, el pueblo de Guasa lleva más de 400 años protegiéndola y velando por la salud de su hábitat primordial.

HABITANTES
DEL MUNDO HUMANO

PRODUCCIÓN SELECTIVA

Las plantas a menudo se valen de los animales para esparcir sus semillas lo más lejos posible. Para los seres humanos, la recolección de semillas es una tarea muy laboriosa, por ello, mediante el cultivo selectivo, criamos plantas que producen semilla de un modo más conveniente para nosotros.

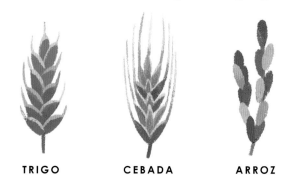

TRIGO   **CEBADA**   **ARROZ**

En la naturaleza, cuando los cultivos de cereales como el **TRIGO**, la **CEBADA** o el **ARROZ** maduran desprenden naturalmente las semillas de la espiga. Pero hemos modificado esos cultivos para que produzcan semillas más grandes y permanezcan más tiempo en la espiga hasta el momento de la cosecha.

Hay una planta que, en la búsqueda del lugar perfecto para sus semillas, hace algo extraordinario. La **AVENA SILVESTRE**, de aspecto similar a un ratón espinoso, se vale de dos espiguillas colgantes giratorias para desplazarse hasta una roca o una grieta en la que esconderse y crecer.

ABEJAS DE ALQUILER

En el árido valle central de California se cultiva alrededor del 82 por ciento de las **ALMENDRAS** del mundo. Se trata de un monocultivo a gran escala: un negocio multimillonario. El cultivo es tan grande que no hay suficientes insectos autóctonos para polinizarlo, de modo que los granjeros llevan **ABEJAS MELÍFERAS EUROPEAS** para que se encarguen de ese trabajo.

ABEJA MELÍFERA EUROPEA

FLOR DE ALMENDRO   **CÁSCARA DE ALMENDRA**   **ALMENDRA**

HÁBILES HIERBAS

Entre el asfalto, los coches y los contaminantes, sólo la vegetación más astuta e intrépida consigue sobrevivir en las ciudades. Algunas plantas utilizan trucos de su hábitat anterior para superar los obstáculos de la ciudad y vivir en los lugares más insólitos.

Éste es un muro de ladrillos común y corriente; para las plantas, sin embargo, es el Everest. Aunque la decidida **CIMBALARIA** ha encontrado un punto de apoyo y aprovecha cada grieta para trepar a lo alto del muro. Como sucede con la mayoría de las plantas con flor, el tallo floral se inclina hacia la luz para atraer a los polinizadores. Una vez acabada la floración, se vuelve hacia la oscuridad y las cabezas de las semillas buscan grietas y hendiduras donde crecer.

Algunas hierbas trepan; otras prefieren volar. Las mullidas y blancas semillas de **CERRAJA** son esparcidas por el viento lejos de la planta madre.

Ya a nivel del suelo, sentimos más empatía por esta vegetación intrépida.

CIMBALARIA

SEMILLAS DE CERRAJA

POLINIZADORES BAJO PRESIÓN

Casi el 40 por ciento de los polinizadores invertebrados, en particular las abejas y las mariposas, están en peligro de extinción debido al uso excesivo de insecticidas en granjas y jardines, así como a la pérdida de hábitats, que los priva de sus fuentes de alimento. Por suerte, empezamos a comprender su importancia para cada bocado que comemos. Podemos cambiar la manera de cultivar la tierra para contribuir a la protección de los polinizadores y las plantas silvestres que los sustentan.

ABEJORRO

AVISPÓN

MOSCARDÓN

ESFINGE COLIBRÍ

LA NATURALEZA SE ABRE PASO

Las plantas hacen posible que este mundo, el Planeta Verde, sea nuestro hogar. Sin embargo, todos los días se pierden más bosques y praderas a causa del desarrollo humano: el mundo vegetal se contrae mientras que el nuestro avanza.

Los científicos calculan que hemos modificado el 77 por ciento de la superficie terrestre, excluida la Antártida: hemos sofocado la vegetación bajo el asfalto para construir grises junglas de hormigón y cultivar y explotar la tierra. Las plantas que se atreven a asomar por donde hemos decidido que no deben crecer son rociadas con herbicidas, y hacemos lo que haga falta para alejar a los invasores no deseados. Aún así, la naturaleza encuentra la forma de abrirse paso…

En las atestadas calles de Hong Kong, los banianos se han rebelado. Estos árboles nacidos hace cientos de años de las semillas diseminadas por los pájaros y los murciélagos se han abierto camino a través de los muros de piedra de la ciudad, donde los edificios abandonados se mezclan con los árboles a medida que la naturaleza reclama su lugar. El hecho de que la vegetación siga creciendo incluso en el asfalto da testimonio de la extraordinaria resiliencia de nuestro Planeta Verde.

Con la ayuda de los seres humanos, pueden florecer espléndidos jardines y prósperos cultivos. Somos el componente indispensable para asegurar la continuidad de nuestro Planeta Verde.

¡LLAMANDO
A LOS DEFENSORES DE LAS PLANTAS!

Durante varios siglos, el mundo de los humanos y el de las plantas coexistieron en armonía. Sin embargo, en los últimos decenios la situación ha cambiado: hoy, aproximadamente dos de cada cinco especies vegetales se enfrentan a la extinción. Pero aún hay esperanza: podemos aprender a corregir nuestros errores. Ya sea participando en grandes proyectos globales o con acciones locales, los defensores de las plantas contribuyen a que el Planeta Verde vuelva a florecer.

ACCIÓN LOCAL: BOLAS DE SEMILLAS

En África, el combustible que mueve el día a día es el carbón vegetal. Se produce a partir de la quema de madera, lo que ha provocado la tala de millones de árboles. Pero en las tierras áridas de Kenia, las comunidades han adoptado el lema «tirar para crecer» como método de reforestación. Las semillas de la ancestral ACACIA se introducen en bolas de desechos de carbón y luego son lanzadas desde parapentes y helicópteros, arrojadas por niños, dispersadas por camellos o incluso disparadas con hondas para que todos participen en la recuperación de los bosques.

ACCIÓN GLOBAL: PROTEGER LAS SEMILLAS

Todas las semanas, se recogen semillas de todo el mundo y se almacenan en bancos de semillas. El más grande y más diverso de ellos es el Banco de Semillas del Milenio de los jardines de Kew, en Inglaterra. En él se conservan más de 2.000 millones de semillas, de unas 40.000 especies de 190 países, como protección en caso de catástrofe medioambiental. Además de salvaguardar las semillas, los científicos de Kew viajan por el mundo para identificar nuevas especies y determinar cómo les afecta el cambio climático.

ACCIÓN INDIVIDUAL: TRANSMITIR CONOCIMIENTOS

En 1994, Sebastião Salgado y Lélia Wanick Salgado heredaron la hacienda de su familia en Brasil. Pero en lugar de encontrar los terrenos boscosos de la niñez de Sebastião, encontraron prácticamente un desierto. Los árboles de la mata atlántica habían sido talados, el suelo estaba degradado por la ganadería y el agua se había secado.

Lejos de rendirse, los Salgado decidieron reforestar cuidadosamente el paraíso.

La siembra de árboles comenzó en 1999; en dos decenios, habían creado un bosque joven, contribuyendo de ese modo a la recuperación de los hábitats naturales de muchas especies animales.

Los Salgado fundaron el Instituto Terra, que ha plantado más de **6 millones** de plántulas de más de 290 especies de árboles autóctonos. Además, transmiten sus conocimientos a la nueva generación de agricultores, para que ellos también puedan recuperar la vegetación en otros rincones del planeta.

1994

2019

CONTRIBUIR AL CRECIMIENTO DEL PLANETA VERDE

Las plantas son poderosas. Nos proporcionan el oxígeno que respiramos, los alimentos que comemos, los medicamentos que tomamos y los materiales que nos dan cobijo. En una dimensión más profunda, nos conmueven: desde las zonas verdes que calman nuestras ajetreadas mentes y las alegres caléndulas con que honramos a los muertos, hasta los pétalos que arrojamos en las bodas. Hoy están bajo presión. Sin embargo, como demuestran las historias de este libro, las plantas son perspicaces y perseverantes y, con un poco de ayuda de nuestra parte, pueden prosperar.

Estas son las formas en las que puedes participar en la revolución verde.

VERDE QUE TE QUIERO VERDE

No hace falta un terreno gigante para reverdecer el mundo. La naturaleza prospera en la jardinera más alta o en la maceta más pequeña. Echa un vistazo en tu casa o en la escuela; seguro que encontrarás botas viejas, tarrinas de yogurt e incluso cáscaras de huevo en las que cultivar plantas.

CRECIMIENTO SALVAJE

La próxima vez que veas el césped largo en un jardín, un parque o un arcén recuerda que no está así por descuido o falta de cariño. Al recortar menos el césped, la naturaleza tiene la oportunidad de florecer. Las semillas enterradas de pronto brotan y las flores silvestres atraen a las abejas y las mariposas, ambas esenciales para la polinización.

APUESTA POR LO NATURAL

Los herbicidas y los insecticidas utilizados para exterminar las malas hierbas y los insectos son tóxicos para nuestro Planeta Verde ¡y también para nosotros! A falta de insectos, ¿qué comerán los pájaros, los anfibios y los reptiles? ¿Quién polinizará las flores? Las sustancias químicas de los pesticidas y los herbicidas permanecen durante años en las raíces de las plantas y en el suelo; además, pueden acabar en los alimentos y en el agua que consumimos. Averigua si en tu escuela se cultivan frutas y verduras sin productos químicos: es beneficioso para la naturaleza y ¡saben deliciosas!

REPLANTACIÓN

Los bosques ayudan a absorber el gas de dióxido de carbono de las fábricas, los aviones y los coches, y lo almacenan en el tronco y las raíces. Los humedales y las praderas contribuyen a evitar el sobrecalentamiento del planeta mediante la retención del carbono en el suelo. La buena noticia es que tú también puedes ayudar participando en proyectos para la replantación de bosques talados o la conservación de las praderas y los humedales.

Nuestras vidas y la vida de las plantas están
perfectamente entrelazadas: dependemos
los unos de los otros para sobrevivir.

AÚN ESTAMOS A TIEMPO DE VOLVER LA HOJA.

Los seres humanos y las plantas no sólo podemos
sobrevivir juntos en el Planeta Verde, también
podemos florecer juntos.